JN094116

オンラインで**楽**しめる

学級
リモートレク
60

溝口佳成 = 著

大松幹生 = イラスト

全問題
QRコード付
▶

✦ 学芸みらい社
GAKUGEI MIRAISHA

はじめに

　2020年、新型コロナウィルスの猛威が世界を襲い、感染を防ぐために人の移動が大きく制限されました。それは学校現場でも同じで、2月末からおよそ3か月間、全国一斉休校となりました。再び学校が再開しても、マスクをつけながらの授業や、子どもたち同士が触れ合うことの制限などが、それぞれの学校で行われています。

　この3か月の間で、「リモートワーク」「テレワーク」といった言葉が広がりました。社会人が、会社に出勤せずに自宅で仕事をする働き方ですが、残念ながらそれは学校現場では同じようには生かされませんでした。文部科学省の調査では、緊急事態宣言の時に、オンラインでの学習を行ったのは全体の5%。現場でのあまりの取り組みの鈍さに、文科省初等中等教育局の課長が「一律にやる必要はないから、できることから、できる人から使っていきましょう」と、緊急のメッセージを出すほどでした。同じように緊急事態宣言が出されても、OECD主要国ではオンラインを通じての教育が行われたのに対して、日本では大量の紙の宿題でポスティングして回るという、なんともアナログな方法で教育が進められていました。

　現場で取り組みが遅れた原因の一つに、ハード面の整備の遅れがあります。2019年3月の時点で教育用コンピュータ1台当たりの児童生徒数は5.4人に1台でした。その10年前は7人に1台でしたので、1人1台を目指していたはずの取り組みはほとんど進んでいなかったということになります。それが、今回のコロナ禍を受けて教育現場のデジタル化の遅れが浮き彫りになりました。そのことが世論に反映されて、1人1台の情報端末が支給されるGIGAスクール構想が予定よりも前倒しになったのです。2020年度末には、多くの学校で1人に1端末が支給されることになるでしょう。

ハード面が整備されても、指導者側・学習者側が操作に慣れていないと教育効果が発揮されません。学校内外でコンピュータやインターネットを使う児童生徒の割合は、日本はOECD最低。指導者側も、パソコンを使っての授業に慣れている先生はあまり多くはいません。ましてやオンラインで行う授業など、多くの先生方にとってはハードルが高く感じられます。

　そんな中、少しでも多くの先生方に、リモートに慣れてもらいたいと思って本書が誕生しました。いきなりリモートで授業を始めるのは難しくても、レクリエーションならば子どもたちも前のめりになって参加してくれるはずだし、教師側もオンラインのやりとりに慣れてもらうことができると考えています。

　今回、60ものゲームを掲載しました。普段の教室でおなじみのゲームをリモート用にアレンジしてみたものや、逆にオンラインならではのツールを生かしたものなど様々あります。オンラインといえども、子どもたち同士での会話が生まれ、普段教室で過ごすのと大きく変わらない楽しさが味わえると思います。

　また、すべてのゲームには、QRコードで動画を見られるようにしました。前半は、ゲームを行ううえでのポイントを解説し、後半では実際にオンライン上でゲームをしている様子を流しています。ぜひ、ゲームを行うときの参考としていただければ幸いです。

　再び緊急事態宣言が起きたとしても（本当は起きないほうがずっといいのですが）、クラスの子どもたちのつながりをつくっていくツールの一つとして本書が活用されることを願っています。

2021年1月15日

溝口佳成

目次

第1章　全員を巻き込む、対戦型リモートレクリエーション

第2章　オンラインで会話がはずむ、協力型リモートレクリエーション

第3章 燃え上がる、チーム対抗型 リモートレクリエーション

第4章 先生無しでも楽しめる、少人数リモートレクリエーション

リモート会議アプリ ZOOM 各アイコンの説明

本書では、ZOOM を例として、使い方について説明します。

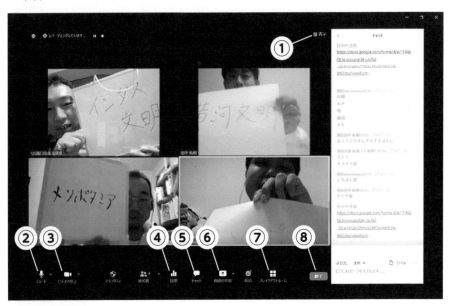

①表示

「スピーカービュー」「ギャラリービュー」への切り替えができます。ゲームのときは、全員の顔が見える「ギャラリービュー」にしておきましょう。また、ホストは、参加者の画面の位置を自由に変えることができ、それが参加者の画面にも反映されます。グループごとにメンバーを固めるなどして、自由に入れ替えましょう。

②ミュート

音声の ON/OFFを切り替えられます。生活音が入ってしまう場合は、切っておきましょう。

③ビデオの停止

　ビデオのON／OFF を切り替えられます。参加は基本顔出しで行います。

④投票

「08 クラス全員に聞きました」で使用。参加者のアンケート集計で活用します。あらかじめ web 上で設定する必要があります。

⑤チャット

　文字でやりとりします。全員に伝える「公開チャット」と、個人に伝える「プライベートチャット」があります。先生に個別に答えを送りたいときや、「21 人狼ゲーム」、「31 ワードウルフ」で個別にメッセージを伝えたいときなどに活用します。

⑥画面の共有

　教師側の画面を全員に見せたいときに活用します。「02 ズーム写真当て」、「19 写真記憶クイズ」などで活用します。「38 お絵描きマスター」は、「ホワイトボード」という共有の機能を使います。

⑦ブレイクアウトルーム

　解答者などの役割をグループで決めるときは、「ブレイクアウトルーム」の機能を使います。あらかじめ web 上で設定する必要があります。

⑧終了

　ミーティングを終了するときに使います。

リモートレクリエーションを行うときのポイント

ポイント①　ボードを活用しよう

　問題に対する答えを示すときなどには、ホワイトボードを活用しましょう（共有の「ホワイトボード」機能とは別です）。B4程度のサイズがおすすめです。できるなら、太めのマーカーで書くようにします。はっきり見えるようになります。

ポイント②　タイムラグを考慮して行う

　リモートで行うゲームの性質上、どうしてもタイムラグが発生しています。タイミングをはかるゲームは行うのが少し難しいです。「○秒以内に答える」といったゲームに対しては、リアルで行うよりも少し長めに制限時間を設定するとよいです。

ポイント③　答えの発信は、プライベートチャットで

　答えを伝えようとするとき、ボードに書いたり、公開チャットに書いて発信したりすると、他のメンバーに自分の答えが知られてしまいます。そこで、教師側だけに答えを伝えるときは、プライベートチャットを使って発信するようにしましょう。教師側は次々届く発信を見ながら、「○○さん、おしい！」「△△さん、正解！」など言ってあげるようにします。

ポイント④　グループが一目でわかるよう並べ替える

　ZOOM の ver.5.2.2 以降では、ギャラリービューで人を並べ替えることができます。

これは、ホストが並べ替えをすると他のパソコンにも反映されます。Aグループを1列目に配置する、Bグループは2列目……、など、グループごとに固めておくと、グループ対抗戦などをするときに見やすく便利になります。また、ゲーム参加者のうち数名だけ表示させたいときは、「スポットライト表示」機能を使うとよいです。

ポイント⑤　グループで役割を決めるときはブレイクアウトルーム

　解答者を誰か設定する場合など、グループごとに話し合いを設けたいときは、ブレイクアウトルームを活用します。少人数のグループなので自由に話し合いできます。あらかじめ教師は、「話し合いの時間を○分とります」と言って、子どもたちをブレイクアウトルームに送りましょう。

コラム　リモートでじゃんけんはどうする？

　ゲームのみならず、じゃんけんは日常生活のいたるところで行われますが、いざリモートで行ったときにタイミングが合わずうまくじゃんけんできない、といったことはないですか？　これは、言う人と聞く人の間でタイムラグが生じてしまうために起こるものです。うまくタイミングを合わせるのは難しいですが、手の出し方を工夫することでいくらでもじゃんけんをすることができます。例えば、次のような方法が考えられます。

・公開チャットにあらかじめグー、チョキ、パーのどれかを1つ選んで書き込み、審判の「じゃんけん「ぽん」」の合図と同時にエンターキーを押して発信する。

・じゃんけんをする人は、後ろ向きに座り、手だけ画面に見えるようにする。審判の合図でグー、チョキ、パーのどれかを出してみんなに見せる。最後に自分たちも前を向いて相手の手を確認する。

　他にも工夫次第で既存のゲームを様々にアレンジできます。ぜひいろいろチャレンジしてください。

口の動きで推理しよう

01 口パクゲーム

低学年以上	3人以上	3分程度	準備物：なし

口の動きを見て、何と言っているか予想します。

たから？

やかた？

サラダ！

さ か な

 ルール　①言葉を決め、口パクで伝えます。
②まわりの人は、口の動きを見て何と言っているかを予想します。

ワンポイントアドバイス

ヒントの出し方を工夫しよう

- 1文字ずつ、大きな口でゆっくりと見せるのがコツです。何度も唱えて、皆さんに見せましょう。

- なかなか答えが出てこないときは、ヒントも伝えます。例えば左の例でいうならば、「動物です」「真ん中の文字は、『か』です」など言うと、答えが絞られてきます。

- 何か騒がしい音楽を流した状態で小さな声で伝えるという方法もあります。

バリエーションをいろいろ変えてみよう

- はじめは3文字程度、慣れてきたらのばす音や小さい「つ」などを入れてみると面白くなります。

- 「○○○を用意しましょう」と言って、○○○の部分だけ口パクで伝えます（筆記用具など全員が持っているもの）。全員が用意できた時点で、一斉に公開すると、誰がどんな答えを考えたのかがよくわかります。

- チーム戦にして、相談タイムを設けて行うなどの方法も可能です。

動物です。

真ん中は『か』

リモートのコツ

- 解答は、プライベートチャットを利用してお題を出した本人に伝えます。そうすることで、他の人には伝わりません。
- 誤答については、いくつか取り上げて紹介します。正答と誤答の違いを口の動きで伝えると、より解答者にイメージが伝わります。

体験者レビュー

- 準備なしでできて楽です。
- 簡単で、かつ、盛り上がると思いました。ヒントが優しいです。
- 難しかったけど、面白かったです。

02 ズーム写真当て

低学年以上	3人以上	3分程度	準備物：クイズ用の画像

画像を拡大したものを見せ、それが何かを当てます。

これは何かな？

何かの絵の一部？

模様が文字みたい。

ルール

①あらかじめ司会は、画像を選んでみんなに見せます。

②まわりの人は、わかった時点で答えを発表します。

ワンポイントアドバイス

- 誰もが見たことのあるようなものを選びましょう。ネットで検索するといろいろなものが出てきます。画像を選んだら拡大します。少しずつ写真を動かしていきます。

リモートのコツ

- 画像は共有画面で出します。ペイントソフトの拡大機能を使うとかなり細かく映せます。解答はプライベートチャットを使って出していきましょう。問題を出した人は、解答者からの解答を見て判断していきます。

体験者レビュー

- シンプルでわかりやすいです。
- すごく難しかったけど、わかるとすごくすっきりしました。子どもでも大人でも、この感覚を味わってほしいです。

わかっている文字をもとに推理しよう

03 隠された言葉

低学年以上	3人以上	5分程度	準備物：文字のカード

文字ごとに書かれたカードの中身を、推理して当てます。

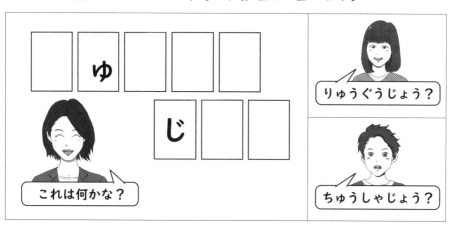

 ①司会は、1文字ずつ書いたカードを裏返し、1文字ずつめくります。
②答えがわかった時点で答えを発表します。

ワンポイントアドバイス

- 短いとすぐにわかってしまうので、5〜8文字の言葉を選びましょう。
- 1文字目で正解したら100点、2文字目だと80点というように得点制にしても面白いです。

リモートのコツ

- カードを用意するのが大変な場合は、公開チャットに「□ゅ□□□じ□□」という形で出題してもよいです。

体験者レビュー

- 最後の最後までわからないのがいいです。
- 様々なバリエーションが工夫できそうで、広がっていきそうです！

04 逆さ言葉

低学年以上	3人以上	3分程度	準備物：紙かボード

逆さから言った言葉は何か当てます。

よん？ さめ？

歌の一部かな？

「うさぎとかめ」ね。

よんさめか
よめかしもしも

 ルール ①司会は、あらかじめフレーズを決めておきます。
②まわりの人は、わかった時点で答えを発表します。

16

ワンポイントアドバイス

- 学年に応じて、フレーズの長さを変えます。例えば、低学年なら3〜5文字の単語、高学年なら長めのフレーズを問題に出します。
  他にも、歌の歌詞を問題に出したり、問題自体を逆さ言葉にして、その答えを求めさせたりする方法も考えられます。

例

単語で逆さ言葉

「みずね」→「ねずみ」　　　「んおいら」→「らいおん」

フレーズで逆さ言葉

「んばこにこね」→「ネコに小判」

「いかつうほまのずお」→「オズの魔法使い」

歌詞で逆さ言葉

「んさきぬた　のまやつこんげ」→「げんこつ山の　たぬきさん」

「りぼのいこ　いかたりよねや」→「屋根より高い　こいのぼり」

問題で逆さ言葉

「？ばえい　とのもべた　いかあ」

　　　　　→「赤い食べ物といえば？」（トマト・いちご・とうがらし　など）

「？はつぶうど　いきおおのだらか　んばちい　でいかせ」

　　　　　→「世界で一番体の大きい動物は？」（くじら）

- 1回で答えが出たら100点、2回目で答えが出たら80点などと、点数制にすることもできます。
- 学年に応じて、臨機応変にヒントを出していくようにしましょう。

リモートのコツ

- この問題は、紙に書かれるとすぐに答えがわかってしまいます。だから、出題中は、解答者ははじめに画面上に手を出させておくようにして、後でメモをとってもよいことにさせます。
- 何回か読んだ後に解答の時間をとり、紙やボードに書いて発表させます。

体験者レビュー

- 問題文から楽しめます。何回か聞いてやっとわかりました。
- メモをすることでやっと解けました。低学年はメモOKだといいなと思いました。

05 オリジナルビンゴ

低学年以上	3人以上	10分程度	準備物：マス目シート 言葉を入れたくじ

テーマに沿った様々な言葉を並べ、ビンゴゲームを行います。

広島	島根	山形	栃木
東京	福島	鹿児島	愛知
滋賀	大阪	兵庫	愛媛
静岡	石川	新潟	秋田

リーチ！

都道府県ビンゴ
お次は　京都！

ビンゴ！

①お題を決めて、4×4のマスに言葉を入れます。
②司会は次々と言葉を発表し、あったら〇印をつけます。
③縦・横・ななめ、いずれか1列がそろったらビンゴとなります。

ワンポイントアドバイス

テーマを工夫しよう

- 参加する誰もが知っていて、豊富に言葉があるものをテーマに選びましょう。鳥、魚、食べ物などいろいろ考えられます。
- 学習に関連したビンゴだと、習ったことの復習にもつながります。

国語
　さんずいの漢字　五画の漢字　物語のタイトル
算数
　九九の答え　図形の名前
理科
　実験道具　春の草花　体の各部の名前
社会
　歴史上の人物　地図記号　アジアの国の名前　都道府県
外国語
　アルファベット

行う時間を調整しよう

- ゲームをする時間によって、マスの数を３×３にしたり、５×５にしたりしましょう。

マスを埋められないときは

- 言葉が思いつかず、マスをすべて埋められない場合は、公開チャットを使ってワードを紹介しましょう。

リモートのコツ

- ４×４のマスは、ファイルを送る方法もありますが、文字を打ち慣れていない子が書き込むのは難しいです。マスを紙やボードに書かせた方が結果的に素早く取り組めます。
- 画面に見えないところで消して直すなどの不正を防ぐため、書けたら全員画面に映させるようにしましょう。

体験者レビュー

- 自分で考えたビンゴだからより思い入れがあり、楽しめました。いろんな学習の復習にも使えると思います。
- 簡単な内容にすれば、学年を問わずできそうです。

06 大きい数を出そう

低学年以上	5人以上	3分程度	準備物：紙かボード

1～人数までの数のうち、他の人とかぶらないように大きな数を出します。

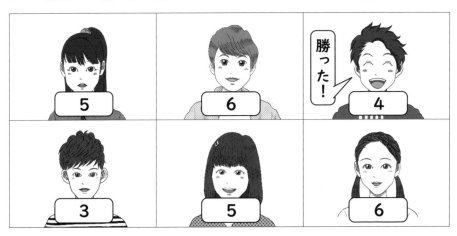

ルール
①参加人数の数を最大として、他の人とかぶらないように、より大きな数を予想して手元の紙に書きます。
②一斉に提示し、誰ともかぶらない一番大きな数を出した人が勝ちです。

リモートのコツ

- 数を提示するときは、紙にペンで書いて画面上に見せるか、公開チャットで同時に発信してみましょう。
- 公開チャットでの同時発信のときは、「3秒以上発信が遅れたらアウト」などルールをつけ足しましょう（カンニング防止のため）。

体験者レビュー

- 駆け引きがあって面白いと感じました。
- 重なるか重ならないかを考えて大きい数を出すのはスリルがあって面白いです。

鳥・動物・魚・花、いくつ言える？

鳥・動物・魚・花、いくつ言える？

07 鳥獣魚花

低学年以上	5人以上	5分程度	準備物：なし

鳥獣魚花のうち、指定されたものを素早く言います。

①司会は「鳥獣魚花、さあ言うか」とみんなに言います。
　みんなは、「言おう言おう」と返します。
②司会は誰か１人を指名して、「鳥獣魚花」のうち、どれか１つを言います。
③指名された人は、指名されたものを１つ言います。

ワンポイントアドバイス

・テンポよく、次々と問題を出します。３秒以内に答えないといけないなどのルールをつくってもよいです。

リモートのコツ

・人によってタイムラグが生じることがあります。あらかじめ、司会のタイミングでどれくらいずれが生じているのかを確認しておくとよいです。

体験者レビュー

・瞬発力が鍛えられます。学級でもすぐにできそうです。

08 クラス全員に聞きました

| 低学年以上 | 15人以上 | 10分程度 | 準備物：紙かボード |

クラスアンケートをとり、１〜３位を言い当てます。

１ 位
２ 位
３ 位

１位はカレーかな？

好きな給食
アンケート、
１〜３位を
当ててね！

揚げパンかもよ。

ラーメンだって！

ルール

①あらかじめ、アンケートをクラス全員にとっておきます。
②それらを集計し、１〜３位を確定しておきます。
③クラス全員に１〜３位を予想させます。

ワンポイントアドバイス

テーマを工夫しよう

・アンケートで尋ねる内容は、子どもにとって身近なものを取り上げるようにしましょう。ある程度絞れるような内容にしましょう。

アンケートで使える内容

- ・好きな給食
- ・休み時間の遊び
- ・将来なりたいもの
- ・好きなゲーム
- ・お弁当の定番のおかず
- ・うどんに入れる具といえば

- ・好きな教科・嫌いな教科
- ・好きなスポーツ
- ・好きな芸能人
- ・ボール遊びといえば
- ・飼ってみたいペット
- ・卵料理といえば

得点を工夫しよう

・1位を当てたら5点、2位を当てたら3点、3位を当てたら1点など、部分点を決めておきましょう。

リモートのコツ

- ・投票機能を使えば、簡単にアンケートをとることができます。あらかじめ、5〜7の選択肢を用意しておきましょう。
- ・予想のときは、2〜3人で1チームをつくって、チーム内で相談してもよいです。その場合は、「ブレイクアウトルーム」機能を使ってチーム分けをしましょう。
- ・解答は紙とペンで画面に映してもよいですし、公開チャットで発表してもよいです。
- ・解答が出そろったら、投票機能を全員に公開して答え合わせをしましょう。

体験者レビュー

- ・学級で予想できて、友達のこともわかるからいいです。
- ・誰が何を好きなのか予想しながら答えるのが面白いです。
- ・自分の好きなものを答えられたうえに、さらにランキングされ、さらにそれを当てることができるという、何度もおいしいゲームだと思いました。

第1章 全員を巻き込む、対戦型リモートレクリエーション

09 この動物は私です

低学年以上	6人以上	10分程度	準備物：紙かボード

子どもたちから「動物にたとえるなら」と聞き出し、誰がどの動物か当てます。

ウサギはあの子かな？

ライオンはあいつだろうな。

誰がどの動物か、
当ててね。
1　クマ
2　ウサギ
3　コアラ
4　ライオン

 ルール

①司会は、子どもたちに「自分を動物にたとえるなら」という質問を出
し、プライベートチャットで返信してもらいます。
②無作為に4〜5人選び、その子らが書いた動物を一覧で示して、誰が
どの動物を書いたのか、予想してもらいます。
③一番正答数の多かった子どもが勝ちとなります。

ワンポイントアドバイス

いくつか選択肢を用意する

- どんな動物を書こうか、ぱっと思い浮かばない子もいます。以下のような動物の一覧をはじめに示しておくとよいです。

おとなしめ草食系
　ウマ、シマウマ、パンダ、シカ、ラクダ、ウシ、ロバ、ヤギ、ヒツジ

がつがつ肉食系
　トラ、ライオン、ジャガー、チーター、タカ、ワシ、クマ、ヒョウ、オオカミ

愛され動物系
　ウサギ、ハムスター、リス、ラッコ、イヌ、ネコ

個性豊か動物系
　ゾウ、キリン、サイ、カバ、ゴリラ、サル、コアラ、チンパンジー、イノシシ、モグラ、ネズミ、キツネ、タヌキ

相談タイムを設ける

- 個人戦で競わせてもよいですし、チームをつくって相談させてもよいです。チームをつくる場合は、ブレイクアウトルームで分けるとよいです。

リモートのコツ

- プライベートチャットを使って、指名された人は自分のイメージの動物を司会に伝えましょう。司会は、数名選んで、公開チャットか紙に動物の名前を書いて映して知らせます。
- 答えは、紙を使って画面に映すか、全員で一斉に公開チャットに書いて発信します。

体験者レビュー

- 推理するのが面白いです。
- 同じ動物を何人も書くと、ゲームが成立しにくいと思いました。

10 スピーチ時間当て

中学年以上	3人以上	3分程度	準備物：ストップウォッチ

スピーチの時間をはかり、何秒のスピーチだったかを予想して発信します。

私は、ウサギが好きです。家でウサギを飼っています。名前は「ミミー」といって、白と黒のしま模様があるメスのウサギです。飼ってから半年がたちました。キャベツはよく食べますが、ニンジンはあまり食べません。

ストップ！
ウサギの名前は何でしたか？

20秒くらい？
名前なんだったかな？

ミミーで、21秒よ。

ルール

①1人の子どもに、30秒〜1分のスピーチを考えてもらいます。
②スピーチのスタートと同時に時間をはかります。
③スピーチ終了後、スピーチに関するクイズを出し、参加者は、クイズの答えとスピーチの時間を紙に書きます。
④クイズに正解した人の中で、一番近い時間を答えた人が勝ちです。

リモートのコツ

・子どもがストップウォッチを使って不正を働かないよう、両手は画面に出させます。

体験者レビュー

・間延びしそうなところを、クイズを加えることで、集中して話を聞けるようにもなりました。

手軽にできる、記憶力ゲーム

11 記憶力マスター

| 中学年以上 | 3人以上 | 3分程度 | 準備物：身の回りの物 |

1回目と2回目で、なくなっている物を当てます。

何がなくなった？

 ルール

①司会は、机の上に様々な物をのせておきます。
②5秒間だけ見せ、画面を消して机の上の物の中から1つ何かを外します。
③再び画面を映し、何がなくなったのかを当てさせます。

ワンポイントアドバイス

・慣れてきたら、画面を消している間、机の上の物の配置もいろいろと変えてみましょう。

リモートのコツ

・パソコンのリアカメラを使って机の上を映し、ビデオのオンオフを切り替えて机の上を映しましょう。もしくは2枚の写真を見せて考えさせましょう。

体験者レビュー

・写真を撮ればできるので、準備が簡単だと思いました。
・学年によって、物の数を増やしたり減らしたりして調節できるのがいいです。

言葉をうまく並べ替えよう

12 シャッフルクイズ

中学年以上	3人以上	5分程度	準備物：紙かボード

文字を並べ替えて、もとの言葉を当てます。

招待しとく

歴史の有名人ね。

並び替えると何になる？

この人知ってる！

答え：聖徳太子

 ①人物やものなど、並び替えて言葉にしたものを用意します。
②その言葉を見せ、子どもたちに、もとの言葉が何かを考えさせます。
③一番早くに答えられた子が勝ちです。

ワンポイントアドバイス

ヒントの出し方を工夫しよう

次のようなヒントを書いたり、声に出したりします。
左ページの問題を例に考えると、次のようなヒントが考えられます。
①漢字をひらがなにする。〈例：招待しとく→しょうたいしとく〉
②どのジャンルのものかを伝える。〈例　歴史上の人物〉
③１文字ずつ正しいところに当てはめる。〈例　○○○と○○い○〉

お題一覧

歴史上の人物

・「絵が安いわ、得！」（えがやすいわ、とく）	→	徳川家康
・「弟子と読み人よ」（でしとよみびとよ）	→	豊臣秀吉
・「不死身の我が血なら」（ふじみのわがちなら）	→	藤原道長
・「港の友よりも……」（みなとのともよりも……）	→	源頼朝
・「寒き四季、ラブ」（さむきしき、ラブ）	→	紫式部
・「借りたツケだよ」（かりたつけだよ）	→	武田勝頼

スポーツ選手

・「叱らず見よう」（しからずみよう）	→	三浦知良
・「見渡す熊」（みわたすくま）	→	桑田真澄
・「フライは悪」（ふらいはあく）	→	福原愛

その他

昔、飛ぶ（むかしとぶ）	→	カブトムシ
曲水銀（きょくすいぎん）	→	金魚すくい
腹痛で伴侶（ふくつうではんりょ）	→	風力発電

（参考：アナグラム http://www1.kcn.ne.jp/~zubat/anagram/anagram.htm）

リモートのコツ

・答えがわかったら、プライベートチャットを使って答えを送ります。

体験者レビュー

・難しいのもありますが、わかると頭がすっきりしました！
・脳トレみたいで楽しかったです。ヒントの出し方が大切ですね。

漢字博士を目指せ！

13 漢字いくつ書ける？

中学年以上	3人以上	5分程度	準備物：紙かボード

テーマに沿った漢字をできるだけたくさん集めます。

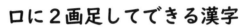

占、申があったよ。

7つ見つけた！

僕は6つ。

司、叶などもあるね。

 ルール
①お題を提示します（○○へんの漢字、○画の漢字など）。
②制限時間1～2分で、お題に合う漢字をできるだけたくさん書きます。
③一番多く書けた子が優勝となります。

ワンポイントアドバイス

- 制限時間が過ぎた時点で、まずはいくつ書けたかを子どもたちに尋ねます。
- 一番多く書けた子に、書いた文字すべて発表してもらいます。
- 「さらに3つ書き足せる人」と、他の子に聞いてみます。
- 「あと2つ足せる人」「あと1つなら足せる人」など、順に聞いていきます。この順で聞くことで、クラス全員の考えた漢字が出そろいます。

お題一覧

- ・「3画の漢字」（山、川、三、土、士、下、夕、女、小、干、工、万など）
- ・「4画の漢字」（木、犬、太、王、五、六、引、火、日、化、今、午など）
- ・「糸へんの漢字」（約、級、純、納、粉、紀、組、終、細、給、結、絶など）
- ・「さんずいの漢字」（池、汽、決、沖、沢、沈、泳、河、泣、波、泊など）
- ・「うかんむりの漢字」（家、害、客、官、守、容、寒、完、宗、寄、宮など）
- ・「たけかんむりの漢字」（笑、笛、第、符、筋、等、筒、筆、箱、算など）
- ・「こころの漢字」（志、悪、忘、忍、念、忠、急、怒、思、息、恩など）
- ・「体の一部の漢字」（顔、頭、口、耳、鼻、目、歯、手、足、毛、舌など）
- ・「『東』の中に隠れている漢字」（日、口、木、一、二、三、六、七など）
- ・「『口』を2つ以上含む漢字」（品、高、呂、営、官、宮、橋、器、回など）
- ・「『し』と読む漢字」（市、士、詩、誌、氏、史、四、死、紙、師、資など）
- ・「『しゅう』と読む漢字」（周、週、秀、州、宗、衆、集、洲、修、収など）
- ・「『じょう』と読む漢字」（状、上、城、情、場、条、常、定、乗、浄など）

リモートのコツ

- 司会は、共有画面でメモ帳など、文字を表示できる画面を出しておきましょう。子どもたちが発表すると同時に書き込めるようにしていきます。
- チャットボックスに漢字を書いていくと、パソコンの漢字検索機能で探される可能性があります。チャットボックスを使わず、紙とペンで書かせるようにしましょう。

体験者レビュー

- 漢字テストの後、おススメです。
- 漢字に興味を持てる子どもたちがたくさん生まれそうで面白いです。

いくつ見つけられる？

14 4×4言葉探し

中学年以上	3人以上	10分程度	準備物：4×4マスのカード

4×4の文字の中から、テーマに沿ってできるだけ多くの言葉を探します。

食べ物を探そう

み	さ	し	う
い	た	あ	ん
な	り	ー	ま
か	す	き	ご

キウイがあるわ。

マンゴーがあるね。

ウインナー発見！

この中に食べ物、何がある？

ルール

①4×4のマスにひらがなを入れたものを提示します。
②制限時間1〜2分で、お題に合う単語をできるだけたくさん書きます。
③一番多く書けた子が優勝となります。

ワンポイントアドバイス

- 制限時間になった時点で、いくつ書けたかを聞いてみます。
- 一番多く書けた子に発表をさせます。
- さらに、他のものを書いた子がいないかを聞いてみます。

お題一覧

テーマ：動物

い	さ	り	お
つ	ら	ぬ	る
き	た	う	ん
し	ま	ね	と

うし
さる
きつね
　　など

テーマ：虫

み	く	は	ぶ
も	り	の	せ
ち	よ	の	と
う	ぼ	ん	え

とんぼ
ちょう
はち
　　など

テーマ：魚

か	め	ば	し
ら	ん	け	つ
さ	ま	お	ぶ
い	た	わ	り

ぶり
かつお
さんま
　　など

テーマ：県名

わ	ま	や	に
が	く	ね	お
さ	と	ふ	か
い	し	な	た

岡山
島根
石川
　　など

リモートのコツ

- チャットを使えますが、ここでは紙にペンで書くようにしましょう。
- 司会は、共有機能とメモ帳を使い、出てきたものを一つ一つ書き込んでいきます。

体験者レビュー

- 何個見つけられるか、クラスで競えて楽しそうです。
- 組み合わせでたくさんできました。

15 震源地は誰？

中学年以上	6〜10人	5分程度	準備物：なし

一番はじめに行動を起こしている「震源地」の人を探します。

震源地は誰でしょう？

ルール

① 6〜8人のグループをつくり、その中で「震源地」を1人決めます。
② 震源地の人は、画面に向かって様々なポーズをします。同じグループの人は、その人のまねをします。
③ 次々と変わるポーズを見て、そのグループ以外の人は、一番はじめにポーズを変えている「震源地」の人を当てます。

リモートのコツ

- 震源地の人を決めるときは、ブレイクアウトルームを活用しましょう。
- 震源地の人が決まったら、そのままブレイクアウトルームでどんな動きをするのか打ち合わせておくとよいです。
- オンラインではタイムラグが発生し、止まった状態から動くと震源地の人が目立ちやすいです。全員手拍子など動きのある状態から始めて、少しずつ細部を変えるなど、ばれにくくなるような工夫を見つけましょう。

体験者レビュー

- 多すぎてもわからないので、10人くらいかなと思いました。
- 動きの工夫の仕方が、いろいろ子どもたちから出てきそうです。

組み立てたら何と読める？

16 漢字熟語ジグソー

中学年以上	3人以上	5分程度	準備物：紙かボード

バラバラになっている漢字のパーツを並び替えて、熟語を作ります。

组み合わせてできる熟語は何ですか？

答え：翌朝

①漢字をバラバラにしたものを用意しておきます。
②解答者は、バラバラにしたものを組み立て、熟語にして解答します。

ワンポイントアドバイス

- 低学年向けには、漢字1字をバラバラにするのもよいです。逆に高学年には、レベルアップとして3字熟語などを設定すると面白いです。
- できるだけバラバラにしやすいものを選びましょう。

リモートのコツ

- 何かボードに問題を書いて、それを見せるようにすると、司会の顔も問題も見えてよいです。

体験者レビュー

- 頭を使うゲームはコツがわかると単純に楽しいです。学級でも、すきま時間に黒板を使ってもできそうです。

17 お仕事ジェスチャー

中学年以上	3人以上	5分程度	準備物：紙かボード

画面上の人が仕事のジェスチャーをしているのを見て何の仕事か当てます。

 ルール
①ジェスチャーをする人を1人決めます。
②その人は、画面上で仕事に関するジェスチャーをします（声は出しません）。
③まわりの人は答えがわかったら、公開チャットか紙に書いて映します。

ワンポイントアドバイス

• できるだけたくさんの仕事をピックアップしておきましょう。次のような仕事が
考えられます。

・美容師	・落語家	・教師
・大工	・アナウンサー	・医者
・板前	・宇宙飛行士	・パイロット
・プロ野球選手	・カメラマン	・モデル
・プロゴルファー	・指揮者	・騎手
・DJ	・バンドマン	・コメディアン
・歌手	・ダンサー	・画家
・僧侶	・巫女	・清掃員
・航海士	・占い師	・力士
・牧師	・リポーター	・ラグビー選手
・プロボクサー	・漫才師	・プロレスラー
・柔道家	・空手家	・プロバスケ選手

• 司会は、自分自身がジェスチャーを見せるのもよいですが、慣れてきたら子ども
にさせると、より盛り上がります。

リモートのコツ
• 子どもにジェスチャーさせる場合は、プライベートチャットを使ってお題を
送るとよいです。3つくらい送って、「この中から1つ選びなさい」と声をか
けます。

体験者レビュー
• やんちゃ君が大活躍します。とても面白いです。
• 3つくらいから、自分のできそうなものを選べるのがよかったです。
• 様々な職業があり、それぞれにイメージしやすいポーズがあることを感じま
した。

当て字マスターになろう

18 カタカナ当て字クイズ

中学年以上	3人以上	5分程度	準備物：紙かボード

カタカナ言葉を漢字に直し、それを見てもとのカタカナ言葉が何かを当てます。

手例美芸無

手？　美？

わかった！
「テレビゲーム」ね！

これは
何て読む？

 ルール

①カタカナを当て字にしてくれる人を決めます（1人でも複数名でもよい）。
②決まったら、お題をその人だけに見せます（プライベートチャットで
　送る）。
③お題を確認した人は、漢字の当て字でそのカタカナを表します。
④答えのわかった人は発信します。

ワンポイントアドバイス

・できるだけたくさんのカタカナ言葉を集めておきましょう。パ行の含まれているものは難問です。ハヒフヘホに置き換えて提示するなりしましょう。

・愛酢栗井無（アイスクリーム）	・愛論（アイロン）
・或流凍留（アルコール）	・院不尾名市音（インフォメーション）
・絵根流義位（エネルギー）	・外土部区（ガイドブック）
・火手五里（カテゴリー）	・区裸疾駆（クラシック）
・下巣戸（ゲスト）	・根手酢十（コンテスト）
・風呂遇裸民具（プログラミング）	・通上位（ツーウェイ）
・新不流（シンプル）	・派笛区十（パーフェクト）

チーム戦で盛り上がろう

・みんなで答えを考える「個人戦」も楽しいですが、慣れてきたら「チーム戦」で行うとさらに盛り上がります。次のような方法があります。

◎1人が当て字で示し、残りメンバーが解答者となって、より多く解答した人の数の多いチームを勝ちにする。
◎1人が当て字で示し、チーム内の誰かが答えを当てたら、次の当て字を示して制限時間内にいくつ答えられるかを競い合う。

リモートのコツ

・当て字を示すときは、紙にマジックで書くか、公開チャットで発信しましょう。
・漢字が思い浮かばないときは、パソコンの漢字変換機能で調べるとよいです。
・答えの出し方は、「プライベートチャットで発信する」「公開チャットで一斉に出す」「わかった人から声に出す」などの方法があります。様々な方法を試してみましょう。

体験者レビュー

・当て字を考えるのが難しそうですが、ネット環境ならすぐに文字を作れるので楽しいです。
・易しい問題から難しい問題まで作れて面白いです。漢字の勉強になります。

19 写真記憶クイズ

中学年以上	5人以上	5分程度	準備物：写真データ

お題の写真を 30 秒見せ、その後に写真から問題を出します。

問題
飛行船は何色だった
でしょう？

ルール

①画面共有で写真を子どもたちに見せます。
② 30 秒間子どもたちに見せた後、共有画面を閉じます。
③写真をもとにクイズを出し、子どもたちに答えさせます。
※場合によってはチーム戦などで競わせると面白いです。

リモートのコツ

・あらかじめ写真を数枚デスクトップで開いておき、すぐに流せるようにしましょう。

体験者レビュー

・脳トレにもなり、とても楽しかったです。ワーキングメモリを増やすのにもよいかなと思いました。写真の共有をするとシリーズ化できそうです。

変わり種しりとり・その1

20 NGしりとり

高学年以上	3人以上	5分程度	準備物：NGワードを書く紙

テーマを決めてしりとりを行います。NGワードを言うと負けとなります。

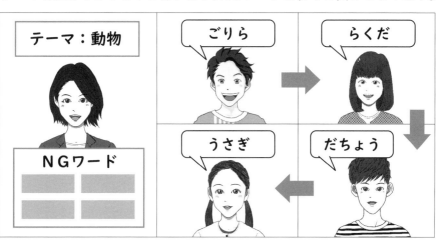

①しりとりの順を決めます。
②「乗り物」「地名」「有名人」「生き物」などテーマを決めてしりとりをします。
③司会はあらかじめ、NGワードをいくつか設定しておきます。

リモートのコツ
・司会はNGワードをあらかじめ紙に書いておき、伏せた状態にしておきます。
・時間制限を設けて、検索OKとするという方法もあります。

体験者レビュー

・簡単だけど、奥が深いです。全員で盛り上がれるのもいいです。
・検索OKなのが面白いです。次に自分に回ってきそうなときに、先取りできるし、検索力も上がります。

21 人狼ゲーム

中学年以上	5〜15人	10分程度	準備物：なし

人間のまねをして隠れている人狼を探し出します。

この中の誰が
人狼だろう？

私じゃないよ。

僕も違うから。

太郎君が怪しい。

僕もそう思う。

怪しいという人が
怪しく見えるわ。

 ルール

①司会は参加者に対し、「人間」「人狼」をプライベートチャットで割り当てていきます（5人に1人くらいの割合で人狼を入れる）。

②その時、「人間」には「合図とともに〇〇してください」と指令を出し、「人狼」には「他の人のまねをしてください」と言います。

③合図とともに30秒ほど行動をとってもらった後、人狼を絞り込むための会議時間をとります（3〜5分ほど）。

④会議後、人狼と思う人に投票します。上位すべて人狼を当てることができたら人間の勝ち、1人でも人狼を外せば人狼の勝ちです。

ワンポイントアドバイス

人狼は場をかき乱す役目

- 人狼はまわりから人狼とバレないようにしなければなりません。そこで、人狼となった人は、会議で自分が人狼と思われないようにミスリードさせていくことになります。司会は、人狼に対して「疑われないような行動をとりなさい」など、指令を出していきます。

> 人狼は○○君と△△さんです。
> 2人で協力して、他の人に疑いの目がいくようにしましょう。

合図とともに行う行動をたくさん用意しておこう

30秒間行う行動としては、次のようなものがあります。

- ・タヌキのまねをしなさい。
- ・ゾンビのまねをしなさい。
- ・眠たそうな行動をとりなさい。
- ・消防士のまねをしなさい。
- ・落語家のまねをしなさい。
- ・アイドルになりきりなさい。
- ・「かっこいい」と思われるようなポーズをとりなさい。

リモートのコツ

- 一人一人にプライベートチャットで人間と人狼を割り当てていくのは、かなり時間がかかります。定型文を用意したら、それをコピー＆ペーストして多くの人に素早く指令を伝えましょう。
- 投票のときは、「投票」機能を活用し、集計しやすいようにしておくとよいです。

体験者レビュー

- カードがなくても楽しめて面白いです。
- 子どもたち同士のやりとりが面白かったです。
- 自分が人狼のとき、いかに自分から注意をそらせるか楽しかったです。

22 ○○しいメッセージ

中学年以上	3人以上	5分程度	準備物：なし

「○○しい」という言葉を集めて、面白い文章をたくさん作ります。

夏休みの思い出
夏休みに入ってすぐ、「楽しい」、「うれしい」、海水浴に行きました。「そそっかしい」パパと、「危なっかしい」ママと一緒に行きました。海の中はとっても「悲しく」て「ばかばかしかった」です。その後、「おかしい」お昼ご飯を食べました。海には、「はずかしい」カニや「まがまがしい」ヒトデも見つけました。とても「悔しい」思い出になりました。

楽しい
うれしい
そそっかしい
危なっかしい
悲しい
ばかばかしい
おかしい
はずかしい
まがまがしい
悔しい

すがすがしい
すずしい
もあるね。

ルール
①あらかじめ、「○○しい」という言葉をふんだんに入れた例文を用意しておきます。
②子どもたちから、たくさんの「○○しい」というメッセージをたくさん出させます。
③ある程度集まったら、例文に「○○しい」言葉を当てはめて読み上げます。

ワンポイントアドバイス

学校行事をもとにしたメッセージで作ってみよう

・運動会や音楽会、校外学習などをテーマに、例文を作ってみましょう。実際の子どもたちの様子などを交えて作ると、子どもたちも身近に感じられて面白くなります。

運動会の思い出

　今日は〇〇しい運動会。朝一番から〇〇しい太郎君が〇〇しく張り切っていました。開会式では、〇〇しい次郎君が〇〇しく児童代表の言葉を述べていました。応援合戦では、紅組の応援がとても〇〇しくて〇〇しかったです。

　一方、白組の応援は〇〇しかったです。〇〇しいリレーでは、はじめは白組がリードしていたけれど、〇〇しい花子さんの活躍で、紅組が〇〇しく逆転をしました。〇〇しいダンスでは、私は〇〇しく踊ることができました。最後の〇〇しい綱引きでは、〇〇しい白組が〇〇しく引っ張って勝ちました。とても〇〇しい運動会でした。

校外学習の思い出

　今日は待ちに待った〇〇しい校外学習。〇〇しい水族館に行きました。水族館では、〇〇しいペンギンの群れや、〇〇しいウミガメを見ることができました。〇〇しいイルカのショーを見ることができて、とても〇〇しかったです。

　水族館の後は、〇〇しい博物館に行きました。〇〇しい時代の貴重品や、〇〇しい展示品があってとても〇〇しかったです。校外学習の帰りのバスでは、レクをしました。〇〇しいけんじ君が、〇〇しいことをしてくれて、とても〇〇しかったです。

リモートのコツ

・「〇〇しい」という言葉は公開チャットで集めましょう。１回の発信につき、１つの「〇〇しい」という言葉を書かせるようにします。
・重なりが出ないよう、司会は子どもたちの書いた「〇〇しい」という言葉を読み上げていきます。文章にのせるときは、同じ言葉が何度も出てこないようにしましょう。

体験者レビュー

・自分も思っていない「〇〇しい」という言葉が次々出てきて面白かったです。
・出来上がった文章を読み上げられたときは、腹を抱えて笑いました。

23 みんなでマンガ

| 中学年以上 | 3人以上 | 5分程度 | 準備物：紙かボード |

図形を組み合わせて作成した絵をみんなで見せ合います。

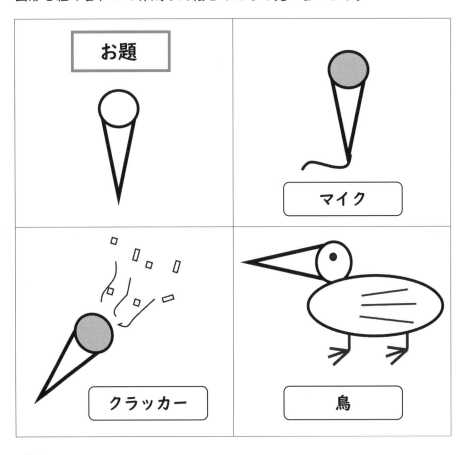

お題

マイク

クラッカー

鳥

 ルール
①◯や△などを組み合わせた図を提示します。
②参加者は、その図をもとに線を描き入れて、自由に絵を描きます。
③30秒後、全員に絵を公開し合います。

ワンポイントアドバイス

コメントをみんなで出し合ってみよう

- 完成した絵を1人ずつ発表してもらいます。「何の絵ですか？」「パッと図を見た とき、何を思い浮かべましたか？」などと尋ねながら、参加者がどんなことを思 いながら描いていたのか話し合うと面白いです。

得点をつけてみよう

- 点数化しても面白いです。例えば、

> ・同じ絵を描いた人がいたら10点
>
> ・指定された図形を2つ以上使っていたら10点
>
> ・特に上手と思った人にボーナス20点

などのようにです。

見本の図形例

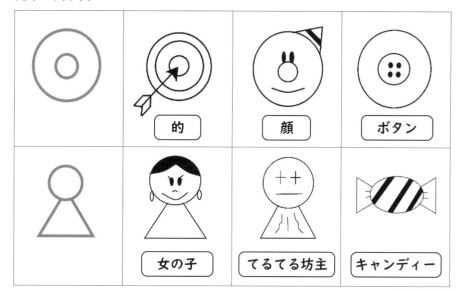

体験者レビュー

- 他の方のアイデアや絵を楽しむことができるのがよかったです。
- 意外性があって面白いです。おとなしくて絵の得意な子は結構いるので、活 躍できそうです。

24 いつどこで 誰がどうした

低学年以上	4人	5分程度	準備物：紙かボード

4人で「いつ」「どこで」「誰が」「どうした」を分担し、面白い文を作ります。

いつ

10年前

どこで

桜の木の下で

誰が

宇宙人が

どうした

アイドルになった

 ルール
① 4人で「いつ」「どこで」「誰が」「どうした」の担当を決めます。
② それぞれが、場所や行動などを手元の紙に書きます。
③「いつ」から順に、読みながら見せていきます。

体験者レビュー
・どう組み合わさるのかがワクワクします。
・準備いらずでできた文がとても面白くて、子どもたちも楽しいと思います。
・ルールがシンプルなので、オンラインでも盛り上がります。

25 30秒ぴったりスピーチ

中学年以上	3人以上	5分程度	準備物：ストップウォッチ 紙かボード

30秒ぴったりになるようにスピーチをします。

「しゅん」っていいます。最近兄の紹介でバスケを始めました。週に3回、練習をしています。シュートがきれいに決まるととても気持ちがいいです。

「しゅん」さん、よろしくね。

ルール
①参加者は30秒程度のスピーチを考えます。
②スピーチのスタートから終了までの時間をはかります。
③30秒に一番近い人が勝ちとなります。

体験者レビュー
・発表するときのドキドキ感がいいです。
・自分ではおさえているつもりでも30秒たつのがあっという間でした。
・時間制限があるので、話の組み立てを事前に考えるとよいと思いました。

第2章

オンラインで会話がはずむ、協力型リモートレクリエーション

26 仲間外れはどれ？

| 中学年以上 | 3人以上 | 5分程度 | 準備物：紙かボード |

4つのものの中で、仲間外れと思うものを発表します。

次の中で
仲間外れは
どれ？

イチゴ
レモン
ブドウ
バナナ

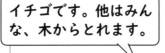

イチゴです。他はみんな、木からとれます。

レモンです。他は甘いのに、レモンだけ酸っぱいです。

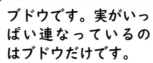

ブドウです。実がいっぱい連なっているのはブドウだけです。

 ルール
①司会は、4つのものをみんなに提示します。
②参加者は、4つの中で仲間外れと思うものを選んで紙に書き、発表します。
③なぜそれが仲間外れになるのかも、あわせて発表します。

ワンポイントアドバイス

おもしろ解答にボーナスポイント

　一人一人からなぜそれを選んだのか、発表してもらいます。もっともらしい理由を言えた人にはポイント10点、面白い理由には、司会からボーナスポイント＋10点をあげるとよいです。

テーマ例

動物

　いぬ・ねこ・さる・ひつじ

　（ねこ / 十二支の中にない　さる / 二足歩行　ひつじ /12 星座の中にある）

乗り物

　電車・スクーター・車・自転車

　（電車 / レールがある　スクーター / カタカナ　車 / ハンドルが丸い）

衣服

　シャツ・パンツ・スカート・くつした

　（シャツ / これだけ着る　スカート /「つ」の文字がない）

天気

　雨・風・雪・雷

　（風 /「雨」という字が入っていない、目に見えない　雪 / 冬しか見られない
　雷 / ひらがなにすると 4 文字）

飲み物

　日本酒・コーラ・お茶・牛乳

　（日本酒 / アルコールが入っている　コーラ / カタカナ　お茶 / 茶道はあるが、
　他はない　牛乳 / 牧場でとれる）

体験者レビュー

・答えがいろいろ考えられ、答えが1つでなくて面白いです。
・いろんな理由が考えられて、その中からどれを自分が選ぶのかという部分がエキサイティングでした。

27 「はい」「いいえ」反応で探れ

中学年以上	4人以上	5分程度	準備物：紙かボード

様々な質問に「はい」「いいえ」で返し、その時の反応から答えを推測します。

 ルール

①1人の解答者を決め、それ以外の人は解答を確認します。
②まわりの人は、解答者が「はい」「いいえ」で答えられる質問をします。
③解答者は、その時のまわりの人の反応から答えを推測します。
④10回、質問を終えたところで、解答者は答えを出します。

体験者レビュー

・答える方とヒントを出す方、どちらもやってみたくなります。
・質問練習には最適と思いました。
・推理が楽しいです。

自分が何かを当ててみよう

28 私は誰？

中学年以上	4人以上	5分程度	準備物：紙かボード

まわりの人に質問をして「はい」「いいえ」の反応から答えを推測します。

お題：バナナ

私を食べたことはありますか？

はい

私は果物？

はい

私はみかん？

いいえ〜

ルール

①1人の解答者を決め、それ以外の人は解答を確認します。
②解答者は、まわりの人が「はい」「いいえ」で答えられる質問をします。
③解答者は、その時のまわりの人の反応から答えを推測します。
④10回、質問を終えたところで、解答者は答えを出します。

体験者レビュー

・かなりの直観力を発揮しました。
・一から答えを探っていくのが、解答側でなくても楽しかったです。

第2章

オンラインで会話がはずむ、協力型リモートレクリエーション

29 童謡なーんだ

中学年以上	4人以上	5分程度	準備物：紙かボード

１人が童謡を絵で表し、その童謡をみんなで歌います。

どんぐりと、
ナマズかしら？

あれはどじょうよ。だから
「どんぐりコロコロ」ね。

 ルール
①代表１人に童謡を伝えます。
②代表は、その童謡を30秒で絵に表します。
③まわりの人は、その絵を見て何の童謡かを推測し、歌います。

ワンポイントアドバイス

描く人の人数や持ち時間をいろいろ変えてみよう

- 1人で描いてもいいですし、2人が同時に15秒で描く方法もあります。
- リレー形式で、1人15秒描いた後、もう1人が15秒使って描いてもいいです。

童謡一覧

- ももたろう　　　　　　　　（♪も～もたろさん　ももたろさん～）
- うらしまたろう　　　　　　（♪むかし～むかし～　うらしまは～）
- うさぎ　　　　　　　　　　（♪う～さぎ　うさぎ　なにみてはねる）
- もりのくまさん　　　　　　（♪ある～ひ　もりのなか　くまさんに　であった）
- げんこつ山のたぬきさん　（♪げんこつ山のたぬきさん）
- 犬のおまわりさん　　　　　（♪まいごのまいごのこねこちゃん～）
- 七つの子　　　　　　　　　（♪か～ら～す～　なぜなくの～）
- 赤とんぼ　　　　　　　　　（♪夕焼け小焼けの　赤とんぼ～）
- うさぎとかめ　　　　　　　（♪もしもしかめよ　かめさんよ～）
- ゆきやこんこ　　　　　　　（♪ゆ～きやこんこ　あられやこんこ）
- かたつむり　　　　　　　　（♪でんでんむしむし　かたつむり～）
- シャボン玉　　　　　　　　（♪シャボン玉とんだ　屋根までとんだ）
- こいのぼり　　　　　　　　（♪やねよりた～か～い　こいの～ぼり～）

リモートのコツ

- 共有機能の中の「ホワイトボード」という機能を使って絵を描くと、全員が絵を見たり、複数の人で絵を描いたりできます。その場合は、紙に描くよりも難しいので、少し長めに時間をとるとよいです。

体験者レビュー

- 絵しりとりのような楽しさがあり、描いている方はもどかしさがあり、当てる方はワクワクして待てました。
- リモート画面の微妙な描きづらさが、逆に面白みを引き出します。

30 声ものまねの主は誰？

低学年以上	5人以上	5分程度	準備物：なし

目隠しをした状態で、解答者は、ものまねをしているのは誰なのかを当てます。

 ルール ①解答者を1人決めます。
②解答者が目隠しをした状態で、声ものまねをする人を1人決めます。
③解答者は、声ものまねをしてほしいものを1つ指定し、誰が声を出し
ているのかを当てます。

ワンポイントアドバイス

- レパートリーをそろえておきましょう。定番は動物の鳴き声です。受けを狙うなら、アニメキャラや有名人の声ものまねをするとよいでしょう。

ものまね一覧

動物ものまね

　イヌ「ワンワン」　ネコ「ニャー」　カエル「ケロケロ」

　ネズミ「チューチュー」　ハト「ポッポー」

　ニワトリ「コケコッコー」　アヒル「ガーガー」

　カラス「カーカー」　フクロウ「ホーホー」

　ウシ「モーモー」　ブタ「ブーブー」　ウマ「ヒヒーン」

　ヒツジ「メーメー」　オオカミ「ウォーッ、ワオーン」

　サル「キーキー」　ライオン「ガオー」

アニメキャラものまね

　「ちびまる子ちゃん」の丸尾くん　「ズバリ〇〇でしょう！」

　「ゲゲゲの鬼太郎」の目玉オヤジ　「おい、鬼太郎！」

　「ドラえもん」のドラえもん　　　「ぼくドラえもん」

　「クレヨンしんちゃん」の野原しんのすけ　「おら、しんのすけだぞ～」

リモートのコツ

- 声ものまねをする人を決めるときは、音声でやりとりができません。紙とペンでやりとりするか、プライベートチャットで決めましょう。

体験者レビュー

- お題次第で、かなり盛り上がるなと思いました。
- ビデオオフでも声で画面が反応するので、解答者は目隠しするか、後ろを向いて、画面を見ないようにします。

言葉で人狼を探し出せ

31 ワードウルフ

高学年以上	5人以上	10分程度	準備物：なし

キーワードに関する会話をする中で、違うキーワードの人を探します。

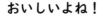

テーマ：「プリン」と「ゼリー」

おいしいよね！

いつも冷蔵庫に入れてるわ！

おやつといったらこれだな！

色もたくさんあるわ！

牛乳で作るよね！

卵もいるわ！

 ルール

①司会は、参加者にキーワードを送ります。この時、何人かには、他の人と違うキーワードを送ります（5人に1人くらい）。

②参加者は、お題について自由に会話をします。
　その中で、誰が少数派（人狼）なのかを推測します。

③5分の会話後、挙手で人狼と思う人に手を挙げてもらいます（人狼が3人の場合は、3回手を挙げる）。

④上位が全員人狼ならば人間の勝ち、1人でも違っていたら人狼の勝ちです。

ワンポイントアドバイス

- 会話を進める中で、自分が多数派（人間）だと思ったら、少数派（人狼）を探します。一方、自分が少数派（人狼）だと思ったら、まわりに同調したり嘘をついてごまかしたりしましょう。

「ワードウルフ」一発逆転のルール

- オプションルールとして、最多票をとってしまった人狼は、もう1つのお題を言い当てます。正解したら、人狼の逆転勝利とします。

ワードウルフ　キーワード一覧

太陽	⇔	月	かき氷	⇔	アイスクリーム
マフラー	⇔	手袋	塩	⇔	砂糖
海	⇔	プール	うどん	⇔	そうめん
セロハンテープ	⇔	ガムテープ	あんまん	⇔	肉まん
カブトムシ	⇔	クワガタ	ギョーザ	⇔	シューマイ
カレー	⇔	シチュー	野球	⇔	ソフトボール
テニス	⇔	卓球	一億円	⇔	十万円
タクシー	⇔	バス	盆踊り	⇔	ラジオ体操
ブランコ	⇔	シーソー	レモン	⇔	ゆず
チョコレート	⇔	キャラメル	スキー	⇔	スノボー

リモートのコツ

- 司会の人が多数派と少数派を振り分けます。プライベートチャットを使ってキーワードを送りましょう。

体験者レビュー

- 知的で面白いです。少人数でやると盛り上がります。
- 人狼系ゲームはやはり燃えるなーと思いました。慣れてくると、掛け合いが高度化したり、その人の人となりがよりわかりそうだと思いました。

32 時系列昔話

中学年以上	４〜８人	10分程度	準備物：紙かボード

全員が１枚ずつ昔話の一場面を描いて、ストーリーを完成させます。

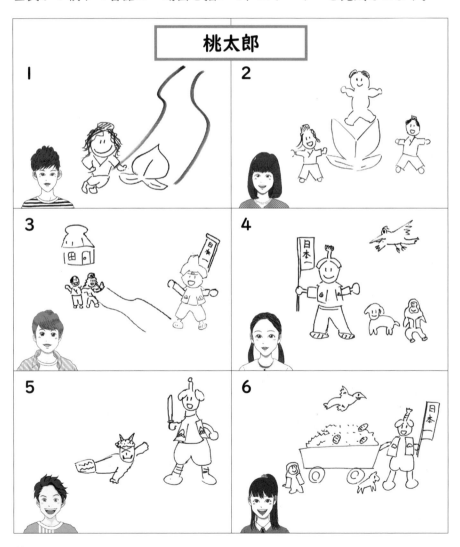

ルール

①順番を決めます。そして、昔話のお題を設定します。

②1番の人がはじめの場面、最後の人は最後の場面、それ以外の番号の人も、それぞれの場面に合うように昔話の絵を描きます（相談はしません）。

③全員が絵を見せ合い、場面がかぶったり、大切な要素が抜けてなかったら合格です。

お題一覧

4～5人向け

- うさぎとかめ
- よくばりな犬
- 北風と太陽
- 田舎のネズミと都会のネズミ
- マッチ売りの少女
- 王様の耳はロバの耳
- アリとキリギリス

6～8人向け

- 桃太郎
- 浦島太郎
- 一寸法師
- かさこじぞう
- かぐや姫
- おむすびころりん
- こぶとり爺さん
- 鶴の恩返し
- カチカチ山
- 花咲か爺さん
- 舌切り雀
- さるかに合戦
- 白雪姫
- 人魚姫
- ジャックと豆の木
- シンデレラ
- 眠り姫
- 裸の王様
- 赤ずきん
- オオカミと七匹の子ヤギ
- おやゆび姫

リモートのコツ

- 1人1枚、紙を用意して描いていきます。絵を描く時間は3分です。
- 1番の人から順に絵を見せていきます。ミラーリングになっていないかチェックしておきましょう。

体験者レビュー

- はじめと終わり以外の人でかぶってしまう人がいて、意外と難しかったですが楽しかったです。
- きれいにそろったときは、みんなで手をたたいて喜びました。

33 バラバラパーフェクト

| 中学年以上 | 3〜5人 | 5分程度 | 準備物：紙かボード |

お題に沿った答えを全員が出し、全員が違うものを出せたら成功です。

日本の四季といえば？

秋　春　夏　冬

 ルール （4人の場合）

①答えが4つあるもの（参加者の人数分）をテーマに設定します。

②参加者同士で、自分以外の人の答えを予想しながら、重ならないように紙に書きます。

③全員が違う答えを書いていたらOKです。

お題一覧

3つあるもの

- ・色の三原色といえば？（赤・青・黄）
- ・じゃんけんの3種類といえば？（グー・チョキ・パー）
- ・三権分立といえば？（司法・立法・行政）
- ・「3R」といえば？（リユース・リデュース・リサイクル）
- ・感染症を防ぐために避けるべき「3密」といえば？（密閉・密接・密集）
- ・世界の三大洋といえば？（太平洋・大西洋・インド洋）
- ・世界三大珍味といえば？（キャビア・フォアグラ・トリュフ）

4つあるもの

- ・日本の四季といえば？（春・夏・秋・冬）
- ・4方位といえば？（東・西・南・北）
- ・トランプのマークといえば？（クラブ・ハート・スペード・ダイヤ）
- ・小学校で習う4つの計算方法といえば？（＋・－・×・÷）
- ・武田信玄の旗印で有名な4つの漢字といえば？（風・林・火・山）

5つあるもの

- ・5本指の名前といえば？（親指・人差し指・中指・薬指・小指）
- ・料理の「さしすせそ」の調味料といえば？（砂糖・塩・酢・醤油・味噌）
- ・江戸時代が終わった後の5つの年号といえば？
  （明治・大正・昭和・平成・令和）
- ・五大陸といえば？
  （ユーラシア・アフリカ・北アメリカ・南アメリカ・オーストラリア）
- ・国連安全保障常任理事国といえば？
  （アメリカ・イギリス・フランス・中国・ロシア）

リモートのコツ

- 紙を使わなくても、公開チャットに書き込んでも OK です。その場合、あらかじめ言葉だけチャットボックスに打ち込んでおき、合図と同時に全員が発信するようにしましょう。

体験者レビュー

- 4人でもそろえるのがなかなか難しかったです。
- みんなと行えることで、仲良くなれたり社会性が身についたりするので楽しいです。

言葉をつなげて輪にしよう

34 ループしりとり

中学年以上	3人以上	5分程度	準備物：紙かボード

しりとりをつなげ、はじめと最後の文字をつなげてループにします。

ぬ	り	え	ん	と
い				つ
				み
り				き
つ	ま	こ	ね	つ

や	ま	ん	と	り
ん				ん
す				ご
ん				り
だ	ん	ぱ	っ	ら

「り」ではじまり、
「い」で終わる
3文字……
「りかい」だ。

つながらないわ。
意外と難しいね。

 ルール
①「ループしりとり表」（右ページ参照）をグループに1つ用意し、グループで共有します。
②しりとりが1周するように、グループで考えます（制限時間3分）。
③制限時間終了後、できた表をクラスみんなに見せ合います。

ワンポイントアドバイス

置き文字を使おう

　表の中に1〜2文字をあらかじめ入れて
おきます。難易度を上げるときに便利です。
※次のものを拡大コピーしてお使いください。

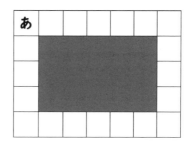

16文字

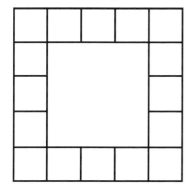

20文字

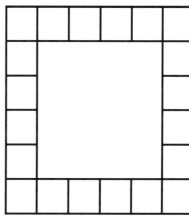

リモートのコツ

- 1グループ3〜4人くらいでブレイクアウトルームで相談させます。
- グループの代表者には、上のサイトからダウンロードさせて、台紙を用意させましょう。

体験者レビュー

- 1周してつながる感動があります。
- しりとりの達成感がどきどきと相まって楽しかったです！
- チームで一体感をつくることができて楽しいです。

間違えずに歌えるかな

35 文字抜き歌合戦

中学年以上	3人以上	5分程度	準備物：なし

特定の文字を抜いて、歌を歌ってもらいます。

「もりのくまさん」を、「まみむめも」抜きで歌いましょう。

あるーひ、　・りのなか、
く・さんに　であーった
はなさく　・りの・ちー
く・さんに　であーったー

聞いてると、
おもしろいね〜。

 ルール

①みんなが知っている歌（童謡など）を提示します。
②どの文字を抜くかを伝えます。
③それらの文字を抜いて、歌を歌います。

ワンポイントアドバイス

リレー形式でグループで歌を回そう

・そのままだと、歌う人は１人しかいません。より多くの人が楽しめるよう、１番を歌ったら次の人、次の人……と回していくとよいでしょう。

文字を抜くバリエーションを変えよう

・１文字だけでなく、複数の文字を抜いたり、「タ行の文字を抜く」「濁点の文字を抜く」「小さい文字を抜く」などすると、より難易度がレベルアップします。

文字抜きの例

「犬のおまわりさん」を「ナ行」抜きで

「もしもしかめよ」を「ア行」抜きで

「ももたろう」をタ行抜きで

「おもちゃのチャチャチャ」を「チャ」抜きで

文字を抜くかわりに手を鳴らそう

・文字を抜くだけでなく、抜いたところはかわりに手をたたいたり、足を鳴らしたりしても難易度が上がります。

リモートのコツ

・グループでリレー形式で歌うときは、あらかじめ並べ替え機能を使って、歌う順番を並べ替えるとよいです。

体験者レビュー

・自分が歌うのも、他の人の歌を聞いても面白いです。
・意外に面白かったです。他の人が歌っているのが笑えました。
・結構難しいので、熱中すると思いました。
・頭を使います。脳トレ的で面白いと思いました。

どれだけ言葉を探せるかな

36 穴あき単語

中学年以上	3人以上	5分程度	準備物：なし

穴あきの単語を示し、どんなものが入るか、できるだけ沢山挙げてもらいます。

 ルール
①穴あきのお題を提示します（「○−○−」、「○ッ△ー」など）。
②１人ずつ順番に、お題に合う単語を言っていきます。
③最後まで残った人が優勝です。

ワンポイントアドバイス

グループ対抗にしてみよう

- 個人戦だと、言葉を出し尽くしてしまった子どもは参加することができず、手持ち無沙汰になってしまいます。チーム戦（男女対抗など）で行う場合、メンバーはリーダーのところにプライベートチャットで言葉を送ります。リーダーは送られてきた言葉を次々に出し、最後まで残ったチームが優勝、としても面白いです。

穴あき単語の例

「○ー○ー」	→ヨーヨー　シーソー　ターキー　など
「○ん△ん」	→はんしん　かんしん　げんかん　しんぶん　など
「か○△□い」	→かみしばい　かんちがい　かしましい　かんだかい　など
「○いた□」	→かいたい　はいたつ　しいたけ　けいたい　おいたち　など
「○ん□っ△」	→ワンタッチ　しんがっき　げんがっき　カンバッチ　など
「○う□ん」	→おうえん　くうかん　こうえん　ふうりん　ぼうけん　など
「○うち□△」	→ようちえん　ほうちょう　ようちゅう　ぼうちょう　など
「さい○□△」	→さいしどう　さいだいち　サインかい　サイボーグ　など

リモートのコツ

- 公開チャットに答えを書き込んでもいいですが、紙やホワイトボードがあるなら、それらを使って答えを出していきましょう。声を出してもよいです。
- 出し尽くしてしまった人は、ホワイトボードに大きく×をつけておきます。ギャラリービューで誰がまだ残っているか一目でわかります。

体験者レビュー

- ネタが出てこなくて苦しみました。でも楽しかった！
- 自分のを先に言われたときの焦りは、対面でやっているかのようで、リモートを感じさせませんでした。
- 全部出尽くしたと思ったのですが、他の人のを聞いていると、まだまだたくさんあることがわかって驚きました。

37 1分間連想クイズ

中学年以上	5人以上	5分程度	準備物：なし

お題の言葉を説明し、答えてもらいます。1分間にいくつ言えるかで競います。

甘いおかしです。
イチゴがのっていたり、
クリームが入っていたり
します。

食品を温めます。
「チン」って音がします。

時間をはかります。
音を鳴らします。

ケーキ！

電子レンジ？

目覚まし時計

ルール

①チームの中で1人、ヒントを言う人を決めます。

②司会者はお題を送ります。

③ヒントを言う人は、まわりの人にお題の言葉を、その言葉を使わずに
　説明します。

④1分でまわりの人がいくつ答えられるかを競います。

ワンポイントアドバイス

解答の仕方をいろいろアレンジしてみよう

・方法によって様々にアレンジすることができます。

・１人の解答者に、みんなが言い合って答えを出していく。

・１対１で、リレー形式で問題を出していく。

・解答者は１人で、ヒントを言う人がリレー形式で順に伝えていく。

・「パス」は〇回までにする。

・１つのお題につき、答えられる回数は「〇回まで」。

ヒントの出し方を制限させて難易度アップ

・次のようなものが考えられます。

・文章での説明を禁止（単語だけで連想させる）

・カタカナ言葉禁止

・「ドンドン」「がりがり」など、擬音語や擬態語禁止

リモートのコツ

・お題は、プライベートチャットを使ってヒントを言う人に伝えます。１人につき、十数個まとめて送っておくとよいでしょう。

・ヒントを言う人が複数名いる場合は、解答者に目隠しをさせて、お題を紙などに書いて提示するとよいです。

体験者レビュー

・解答する方よりも、出題する方がかなり頭を使います。

・カタカナ言葉をカタカナ禁止で伝えるのはなかなか難しかったです。

・一生懸命伝えて、何となくでも答えが伝わってきました。

38 お絵かきマスター

中学年以上	3人以上	10分程度	準備物：なし

絵を描いて、何の絵か解答してもらいます。

 ルール
①4人程度のグループをつくり、解答者を1人決める。
②絵を描く人は、お題を見て、15秒間で絵を描き、リレーをする。
（ホワイトボード機能を使って描きましょう。）
③解答者はその絵を見て何の絵かを答える。

ワンポイントアドバイス

・あらかじめ、テーマを決めて伝えて行うと、子どもたちもイメージしやすく面白いです（例：都道府県名・国名など）。

体験者レビュー

・お題に対して絵を描くのが難しく、楽しかったです。
・「ホワイトボード」機能を使っているのが、いかにもリモートレクっぽくてよかったです。

どれだけ言葉を覚えられるかな

39 言葉記憶ゲーム

中学年以上	3人以上	10分程度	準備物：紙かボード

30ほどの単語を見せて、どれだけ記憶しているかを競います。

キツネ・カーペット・人魚姫・テレビ・
タンバリン・ブロック・ものほし・くつした・
ソース・コンロ・パズル・ズボン・
学校・日本・地図・シマウマ・ティッシュ・
パトカー・カーテン・すきやき・そうめん・
スープ・洗剤・文化の日・令和・
コンサート・缶詰・ベランダ・野菜・本

言葉が多すぎる・・・

全部は難しいわ・・

覚えてね！

①出題者は30の単語を1枚の紙に書いておきます。
②参加者は1分間その紙を見て言葉を覚えます。
③1分後、参加者は覚えた言葉を紙に書き、いくつ書けたかを競います。
（個人戦でも面白いし、チームで考えるのも面白いです。）

リモートのコツ

・チーム戦の場合は、ブレイクアウトルームを活用します。リーダーがメンバーから答えを聞き取り、1枚の紙にまとめます。

体験者レビュー

・チームで答えましたが、盛り上がりました。つい夢中になります。
・他の人の意見を聞いて、「あ～、それあったな～」と、わいわい話せてよかったです。

第3章

燃え上がる、チーム対抗型リモートレクリエーション

40 連想ヒントクイズ

中学年以上	3人以上	5分程度	準備物：紙かボード

１人１つ、ヒントを言って、解答者に解答してもらいます。

お化け

おかし

かぼちゃ

ハロウィーンだね！

ルール

①3〜5人でチームをつくり、１人解答者を決めます。
②残りのメンバーは答えをあらかじめ確認し、１人ずつ、答えにつながるヒントを出します。
③全員のヒントをもとに、解答者は答えを出します。

ワンポイントアドバイス

様々な連想問題を作ってみよう

- ヒントとなるものを漢字やカタカナに限定したり、答えを「国名」「県名」「人物名」と指定したりすると、さらにバリエーションが増えます。

漢字限定問題

徳川家康（人物） → 「将　江　幕　三　侍」など

福沢諭吉（人物） → 「万　明　札　学　慶」など

カレー（料理名） → 「辛　茶　印　芋　香」など

国名問題

ドイツ → 「ビール　サッカー　ベンツ」など

ロシア → 「ピロシキ　ボルシチ　マトリョーシカ」など

県名問題

富山県 → 「薬　ホタルイカ　チューリップ」など

山梨県 → 「ぶどう　ほうとう　武田信玄」など

ヒントの数で点数制にしてみよう

- 参加人数の多い場合は、チーム戦にしてみましょう。チームで1人解答者を決め、残りメンバーでヒントを出していきます。1人目のヒントで10点、2人目のヒントで5点、3人目のヒントで3点……とすると、より盛り上がります。

リモートのコツ

- 紙とペンでヒントを書いて見せるか、それらがない場合は公開チャットに書き込んでいきましょう。

体験者レビュー

- ヒントを考えるのが難しかったけど、楽しかったです。
- 答える方もやってみたいなと思いました。

41 正直者は誰？

中学年以上	5人以上	10分程度	準備物：なし

3～4名の解答者の中から誰が嘘をついているかを、インタビューで探します。

映画鑑賞です。最近はSFものの洋画アクションにはまっています。

皆さんの休日の過ごし方を教えてください。

鉄道旅行です。この前の日曜日は、ローカル線で日帰り旅行を楽しみました。

読書です。最近は恋愛ものの小説を読むことが多いです。

 ルール

①参加者の中から解答者を3～4名選びます。
②解答者同士で相談し、正直者を1人決めます。
③正直者の1人以外はすべて嘘つきです。どんな質問も嘘で返します。
④まわりの人は解答者に様々な質問を出し、誰が嘘つきかを見極めます。

ワンポイントアドバイス

個別に質問を突っ込んで聞いてみよう

- 解答者全員に答えてもらうような質問でもいいですし、その答えを聞いてさらに突っ込んだ質問をしても構いません。制限時間を設けて、自由に質問を投げかけてみましょう。

チーム対抗でさらに楽しく

- 3〜4人ずつのチームに分かれ、質問する側とされる側に分かれて行います。インタビュー終了後の解答方法ですが、各自が怪しいと思う人を示して正解者数を競い合ったり、相談してチームで1人「怪しい人」を決めたりするという方法も考えられます。

リモートのコツ

- 誰が嘘つきになるか決めるときや、嘘つきが誰か相談するときは、ブレイクアウトルーム（ZOOM）を活用しましょう。

体験者レビュー

- 結構考えます。面白かったです。
- 人格が出るゲームで、学級ならではの一体感が素晴らしかったです。
- 質問力と対応力と両方試されますね。嘘つきになった人は、人を欺く楽しさを感じられるかもしれません。

42 だるまさんは誰だ

中学年以上	6人以上	5分程度	準備物：紙かボード

1回目と2回目で表情を変えなかった人は誰かを言い当てます。

①代表者を3～4人決めます。
②代表者は、他の人にわからないように、「だるま」を1人決めます。
③他の参加者は、1回目と2回目で表情を変えない「だるま」を言い当てます。

リモートのコツ

- 「だるま」を決めるときは、「ブレイクアウトルーム」を活用しましょう。
- 代表者には、ビデオのON／OFFにカーソルを合わせ、目線を変えないように切り替えができるように練習させておきましょう。

体験者レビュー

- だまし系だけど、顔芸なのでつい笑ってしまいました。ZOOMならではの画面切り替えをうまく使ったレクだと思いました。

43 仲間の秘密

| 中学年以上 | 3人以上 | 5分程度 | 準備物：紙かボード |

自分に関することを3択問題で出し、答えてもらいます。

私は最近、動物を飼い始めました。
次のうちどれでしょう。
　①犬　②ネコ　③うさぎ

犬かな？

ネコだよ！

 ルール

①問題を出す人1人を決めます。
②問題を出す人は、自分に関することをもとに3択問題を作ります。
③まわりの人は、問題に対して答えを言います。

リモートのコツ

・選択肢は、公開チャットで示すか、紙とペンで画面に映すかしましょう。
　口で伝えると、人によって3択が何か聞き返す人もいます。

体験者レビュー

・みんなを知るきっかけとなり、仲間つながりになる遊びだなと思いました。
・友達のことを知るきっかけとなって面白かったです。

第3章

燃え上がる、チーム対抗型リモートレクリエーション

44 ミックスソング

中学年以上	6人以上	5分程度	準備物：紙かボード

3～4人が一斉に別々の歌を歌い、それぞれ何の歌を歌っていたかを当てます。

もしもしかめよ　かめさんよ
せかいのうちぎん　おまえなぞうさん
おこまにづのきき　いきのだんねこちゃん
あなたのおうちは　どこですか

声が重なって
全然わからない
・・・

 ルール
①参加者の中で3～4人、歌う人を決めます。
②歌う人はそれぞれ、違う歌を歌います。
③解答者は曲名を紙に書いて答えます。

リモートのコツ
・あらかじめ3人には適当な曲でリハーサルしてもらいます。3人の声の大き
　さをある程度そろえないと、声がうまくそろいません。

体験者レビュー
・うまく声量がそろうと、なかなか答えがわからないです。
・音量やタイミングをそろえるなど、事前準備が必要ですが、そろうと楽しめ
　ます。

45 絵しりとり

中学年以上	3人以上	10分程度	準備物：紙かボード

絵を描いてしりとりをつなげていきます。

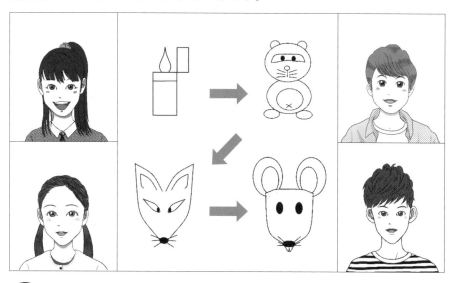

①しりとりの順を決めます。
②1番の人から15～30秒でしりとりになるように絵を描いていきます。

リモートのコツ

・各自、紙とペンがあればできますが、ない場合は「共有画面」の「ホワイトボード」を活用します。描きにくいので、描く時間は長めに設定しましょう。

体験者レビュー

・とても面白いです。絵心のない私が描く気になりました。
・間違いが楽しいのが、価値観の逆転と思いました。
・絵がうまい子が活躍でき、どんな子も一緒にできるのでとても楽しいです。

第3章

燃え上がる、チーム対抗型リモートレクリエーション

46 真ん中とり

中学年以上	3人以上	5分程度	準備物：なし

しりとりと違い、言葉の真ん中の文字を頭にくっつけてつなげていきます。

①順番を決めます。
②3文字や5文字など奇数の言葉を言い、真ん中の文字を頭にくっつけて次の人が答えて回します。

リモートのコツ

・低学年で行う場合は、どの文字を頭につけるかわかるように、紙に書いて画面に映しましょう。

体験者レビュー

・結構、真ん中に「ん」を使ってしまう言葉を出してしまいます。
・難しいけど楽しいです。

47 恐怖の30

低学年以上	3人以上	5分程度	準備物：なし

数を1〜3つまでカウントしながら、30を自分が言わないようにします。

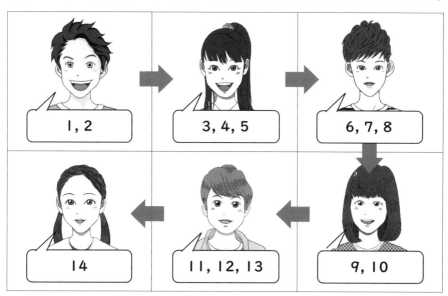

 ルール

①1人目の人から順に数を数えます。数は1〜3つ分です。
②順番に回し、30を言ってしまった人が負けになります。

リモートのコツ

・全員、ギャラリービューにしておきます。ホストの人が順番を決めて並び替えます。

体験者レビュー

・数の回し方にそれぞれの人の個性があり、楽しかったです。どうしたら自分が引っ掛からないですむか、いろいろ考えました。

48 オンリーワン

低学年以上	4人以上	5分程度	準備物：紙かボード

お題に対する答えを、誰ともかぶらないように考えて発信します。

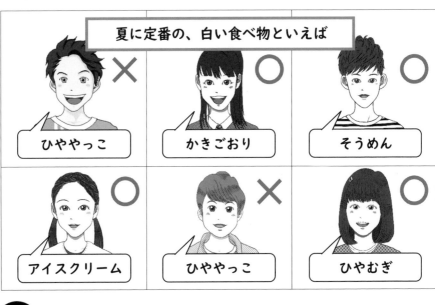

夏に定番の、白い食べ物といえば

ひややっこ ×
かきごおり ○
そうめん ○
アイスクリーム ○
ひややっこ ×
ひやむぎ ○

ルール

①答えが複数あるお題を提示します。
②参加者はお題に対する答えを書きます。誰かとかぶったらアウトです。

リモートのコツ

- 答えを提示するときは、紙にマジックで書いて見せます。公開チャットでも構いませんが、タイムラグが発生する可能性があります。

体験者レビュー

- かぶりそうでかぶらないスリルを味わえてよかったです。
- 参加人数が多いときは、答えも多いテーマを用意しておく必要がありますね。

49 答えをそろえよう

低学年以上	4人以上	5分程度	準備物：紙かボード

お題に対する答えを、他の人と合うように考えて発信します。

肉食動物といえば

10点 ライオン	20点 トラ	0点 ジャガー
20点 トラ	10点 ライオン	20点 トラ

ルール
①答えが複数あるお題を提示します。
②参加者はお題に対する答えを書きます。
③そろった人数に応じて点数が入ります。2人10点、3人20点など。

リモートのコツ

・答えを提示するときは、紙にマジックで書いて見せます。公開チャットでも構いませんが、タイムラグが発生する可能性があります。

体験者レビュー

・相手のことを推測する楽しさがあります。
・自分と同じ答えの人が多くいると、とても楽しく感じます。

50 古今東西ゲーム

中学年以上	3人以上	5分程度	準備物：なし

お題に沿った答えを、答えられなくなるまで順番に言い続けます。

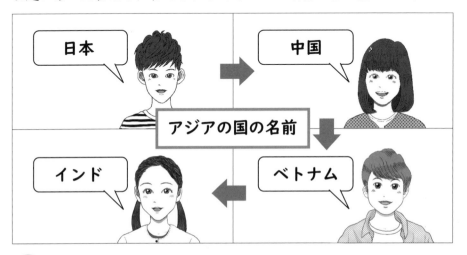

 ルール
①順番とお題を決めます。
②1番の人から、お題に沿った答えを出します。
③順番に回し、答えられなかったら脱落します。最後まで残った人が優勝です。

リモートのコツ
・タイムラグがあるので、テンポよく進めるのではなく、5秒程度考える時間をとって回していきます。

体験者レビュー
・緊迫感があってとてもよい！　何々博士が登場しそうです。
・定番のゲームでとても楽しかったです。選ぶテーマによって教科の復習になると思いました。

51 ちぐはぐインタビュー

中学年以上	2人以上	3分程度	準備物：なし

質問に対して解答者は、でたらめに返します。

先週の日曜日はどこに行きましたか？

イチゴの乗ったパフェが私は大好きです。

①1対1で、質問する人と答える人に分かれます。
②質問する人は何でもいいので質問をします。
③質問をされたら、まったく関係のない話題で返します。

ワンポイントアドバイス

　ちぐはぐインタビュー大会をしましょう。何人かの人に質問し、一番面白い返答をした人が勝ちとしてみるとより盛り上がります。

体験者レビュー

・笑い系ですね！　教室で盛り上がります。
・はぐらかせているのがあからさまで面白いです。
・こちらで答えを用意しておいて答えるだけなので、結構簡単でした。相手の話に耳を貸さないことが一番のポイントになるので、強い人は強そうです。

52 トリプルカラーゲーム

中学年以上	3人以上	5分程度	準備物：なし

3つの色から連想するものをリズムよく答えていきます。

赤
黄色
緑

トマト
パイン
抹茶

ルール

①お題を出す側と答える側に分かれます。
②お題を出す側は、3種類の色をリズムよく言います。
③お題を出された側はその色に対応するものを3つ、テンポよく答えます。

※同じ色のものを続けざまに出してもよいです。
　2つが同じ色の場合は、同じ答えを出してもいいですが、3つとも同
　じ色を出したら、ばらばらの答えを出さなくてはいけません。
例) 赤、赤、白　→トマト、トマト、豆腐　　　○
　　緑、緑、緑　→森、森、葉っぱ　　　　　　×
　　緑、緑、緑　→森、葉っぱ、枝豆　　　　　○

ワンポイントアドバイス

- お題を出す側は、あらかじめ用意をしておきましょう。いきなり問題を出そうとしても、3色すらすら出てくるわけではありません。

お題の例

赤赤黄	赤茶茶	黒黒黒	灰灰赤	青白黄	黄黄桃
桃桃灰	緑緑緑	金白白	赤赤橙	白白茶	赤赤黒
金金青	緑緑赤	桃黄黄	白白赤	赤赤赤	青青白
白赤赤	緑緑青	青青青	茶茶赤	青青赤	灰灰灰
黄黄金	銀青桃	橙桃白	青青灰	赤赤緑	白白黒
金金金	白白紫	黒灰赤	緑緑橙	茶銀銀	緑緑桃

答えの例

赤	白	黄	青
トマト	豆腐	レモン	空
ポスト	雲	パイン	海
とうがらし	イカ	たまご焼き	地球

緑	橙	黒	灰
葉っぱ	オレンジ	墨	サイ
森	マンゴー	海苔	ゾウ
緑茶	ネーブル	髪の毛	道路

茶	桃	金	銀
土	モモ	しゃちほこ	スプーン
チョコ	ハート	仏像	フォーク
木の幹	コスモス	金メダル	1円玉

リモートのコツ

- タイムラグがあるので、「3秒以内に言い始めればOK」とします。ただし、途中で詰まったら失格です。

体験者レビュー

- 頭をいろいろ使えるので楽しかったです。
- 意外と難しく、リズムに乗って答えられるようになるまで少しかかるかもしれませんが、たくさんやることでできるようになりそうです。

53 あたまとり

中学年以上	3人以上	5分程度	準備物：なし

しりとりと逆で、言葉の頭の文字をおしりにくっつけてつなげていきます。

 ルール

①順番を決めます。
②1人目の言った言葉の頭の文字をおしりにくっつけて次の言葉を言います。

リモートのコツ

・低学年で行う場合は、どの文字をおしりにつけるかわかるように、紙に書いて画面に映すとよいです。

体験者レビュー

・しりとりのルールを少し変えるだけで、かなり面白くなるんだと思いました。
・おしりにつく文字で何の単語があるか、なかなか出ずに難しかったです。

54 記憶力しりとり

中学年以上	3人以上	10分程度	準備物：なし

出た言葉をすべてつなげながら、しりとりをします。

> リンゴ
> ゴリラ
> ラッパ
> パンダ！

> リンゴ
> ゴリラ
> ラッパ
> パンダ
> ダチョウ！

> リンゴ
> ゴリラ
> ラッパ
> パンダ
> ダチョウ
> ウサギ！

ルール
①順番を決めます。
②出た言葉をすべてつなげてしりとりをします。
③間違えたり、詰まったり、制限時間内に答えられなかったりすると、失格となります。

体験者レビュー

・普通のしりとり以上に楽しめました！
・ドキドキしました。記憶のあいまいさが楽しくして、負けても楽しかったです。ワクワクしました。

第4章

先生無しでも楽しめる、少人数リモートレクリエーション

55 宝を探せ

中学年以上	3人以上	10分程度	準備物：宝探しマス目シート

相手からの言葉のヒントをもとに、宝の場所を探します。

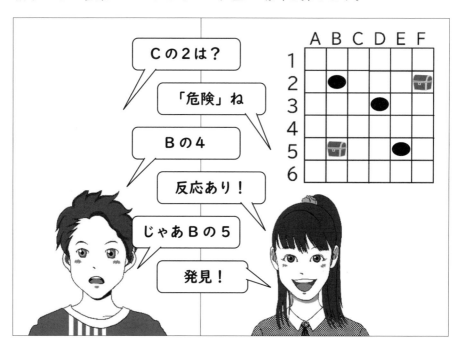

 ルール
①お互いにマップを用意し、宝箱と落とし穴を書き込みます（数の目安は次ページ参照）。
②先攻後攻を決めます。
③相手に、座標（Bの1，Dの3など）を伝えます。
④座標を伝えられた側は、次のどれかを相手に教えます。

```
落とし穴 →「アウト」    前後左右に落とし穴 →「危険」
宝箱    →「発見！」    前後左右に宝箱    →「反応あり！」
```

⑤お互いに③と④を繰り返し、宝箱を相手より先にすべて見つけます。
逆に、半分以上の穴に落ちてしまったら負けになります。

「発見！」「反応あり」「危険！」「アウト」の範囲

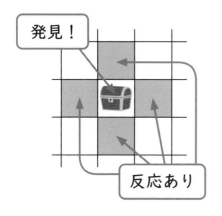

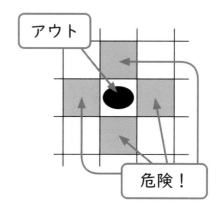

6×6と8×8の台紙

（拡大してお使いください）

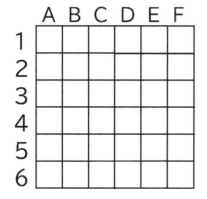

宝箱と落とし穴の目安

6×6マス→　宝箱2つ　落とし穴3つ
8×8マス→　宝箱3つ　落とし穴4つ

こちらから
ダウンロード
できます！

体験者レビュー

・見事に宝を見つけたときはとてもうれしかったです。メモを一つ一つとることで、うまく見つけることができました。

56 シチュエーション当て

中学年以上	3人以上	10分程度	準備物：なし

出題者の話す単語を聞いて、どんなシチュエーションで言ったのかを当てます。

お題：いや

①軽く断る感じで「いや」

②絶対嫌だね！ という感じで「いーや！」

③女の子がかわいっぽく「イヤーン」

④照れ隠ししながら「いやぁ……」

⑤空手の掛け声っぽく「イヤッ！」

⑥耳のことを英語で「イヤー」

⑦新年のあいさつを元気よく、
　ハッピーニュー「イヤー」

イヤー!!

⑤かな？

⑦かもよ。

②と思った。

ルール
①問題を出す人を決めます。
②問題を出す人は、いくつかのシチュエーションから、自分の行うもの
　を選びます。
③選んだら、カメラの前で演じます。まわりの人は、何番かを考えます。

94

ワンポイントアドバイス

- 身振り手振りを交えて演じてもよいですし、逆にカメラを OFF にして、純粋に声だけで勝負するのも面白いです。
- チーム戦にして、「多くの正解者数を出したチームの勝ち」というルールもできます。

お題：はぁ

①普通に「はぁ」

②上司の命令にカッコよく「はっ！」

③わけわからないがとりあえず相槌を打つ「はぁ」

④殿様の命令に土下座しながら答える「はぁーーーっ！」

⑤老人がもう一度聞き返す「はぁ？」

⑥上から目線の人が言いそうな感じで「はぁ？」

⑦色っぽい感じで「はぁー」

⑧ため息をつく感じで「はぁ・・・」

お題：がんばれ

①軽い感じで「がんばれ」

②明るい声で「がんばれ」

③熱く応援「がんばれ！」

④つらい中、耐える感じで「がんばれ」

⑤遠くの人に「がんばれ」

⑥いい加減な感じで「がんばれー」

⑦見下しながら「がんばれ」

⑧怒って「がんばれ」

リモートのコツ

- シチュエーションの種類は、あらかじめチャット機能を使って全員にわかるようにしておきましょう。

体験者レビュー

- 演技力が試されます。
- クラスなら、ブレイクアウトルームで班長などに仕切らせてできそうです。

57 ノーノーイエスマン

中学年以上	3人以上	5分程度	準備物：なし

相手からの質問に、「はい」と言ってしまうと負けになります。

質問に答えてください。
普段は家で何をして過ごしますか？

テレビを見て過ごします。

好きなテレビ番組は？

「虹色の国」ってドラマです。

面白いですか？

はい、とっても。
・・・って、「はい」って
言っちゃったぁ！

 ①質問する側と受ける側に分かれます。
②質問を受ける側は「はい」という言葉を使わずに質問に答えます。

ワンポイントアドバイス

・面接を受けるように、緊張感をつくってから行いましょう。
・質問を受ける人が2人以上の場合は、「○○さんは・・・」と、指名してから行います。
　画面を見て、油断していそうな人に声を掛けると引っ掛けやすいです。

体験者レビュー

・立て続けの質問に、つい「はい！」と言ってしまいます。
・会話が続き、つい自分の好きなものの話などになると、われを忘れてしまい
　「はい」と言ってしまうので、おもしろかったです。

間違えず答えられるかな

58 パチンナンバーを外せ

中学年以上	3人以上	10分程度	準備物：なし

ある数の倍数や、それを使った言葉を外して数を読み上げます。

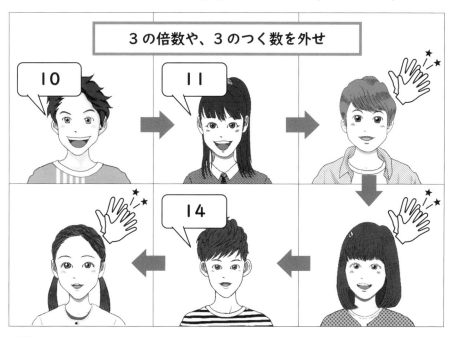

 ルール

①あらかじめ、「パチンナンバー」を決めておきます（3, 4, 6, 7, 8, 9 など）。
②順番に数を数えていきます。
③パチンナンバーの倍数やそれを使っている数になったら、数を言わずに手をたたきます。間違えると失格です。

体験者レビュー

・みんなでやるとつい引っ掛かりそうで、ドキドキしました。
・目標が達成できたとき、みんなで一体感が生まれました。

第4章

先生無しでも楽しめる、少人数リモートレクリエーション

97

59 チクタクバンバン

低学年以上	2〜5人	5分程度	準備物：なし

チク→タク→チク→タク→バン→チク→タク→チク→タク→バン→バン
と、間違えずに続けます。

 ①順番を決めます。
②チク→タク→チク→タク→バン→
　チク→タク→チク→タク→バン→バン→
　チク→タク→チク→タク→バン→バン→バン→
　というように、「バン」の数を増やしながら回していきます。
③途中で間違えた子が失格となります。

体験者レビュー

・途中で、いくつ「バン」を言ったのかわからなくなりました。正確に数えて
　くれるジャッジマンが必要と思いました。

予測しながら数を言おう

60 「いっせーのーで」ゲーム

低学年以上	2～5人	5分程度	準備物：なし

「いっせーのーで」の合図で親指を出し、何本あるかをピタリ当てます。

いっせーのーで
3

 ルール
①順番を決めます。
②1人目から「いっせーのーで」の掛け声の後、「0～自分以外の参加人数×2」のどれかの数を言います。
③みんなは、掛け声に合わせて自分の親指を立てます（立てなくてもよい）。
④言った数と親指の数がぴったり合ったら得点が入ります。

リモートのコツ

・リモート版では自分とまわりのタイミングを合わせるのが難しいので、自分の親指は立てません。何周かして一番得点の高い子が優勝です。

体験者レビュー

・タイミングをとりやすいように言い方を工夫するだけで、楽しく遊べるんだと思いました。
・おなじみのゲームでも、リモートで楽しく遊べることがわかりました。

第4章

先生無しでも楽しめる、少人数リモートレクリエーション

あとがき

　今回、出版させていただくにあたり、多くの方にご協力いただいて、ゲームを体験していただきました。自分のつてを頼るだけではなかなかメンバーが集まらず、広く募集をかけてみたところ、多くの方から申し込みをいただきました。出身都道府県もバラバラで、北海道、茨城、長野、千葉、京都、兵庫などなど、多彩な地域からご参加いただきました。場所に関係なく集まれるというのがリモートのありがたいところです。

　参加してくれた方は、ほとんどが初対面の方ばかりでした。相手がどのような方なのかよくわからないなか行うことは自分も不安がよぎりましたが、それもしばらくたてば、その不安も杞憂に終わります。ゲームを進めるうちに自然と参加者同士で会話が生まれ、どんどんと仲が深まっていきました。終わった時には、「来週も参加したい」「次回はどのようなゲームをされますか?」など、肯定的な言葉をいただいたことをうれしく思いました。かくしてこの「リモートレクの会」では、毎週平日の夜から、1回につき7〜8本のリモートレクリエーションを紹介していくことになりました。1つ1つのゲームが終わるたびに、改善点や、指導の肝となるところをいろいろと教えていただき、とてもありがたかったです。

　挿絵につきましては、私の10年来の友人である大松幹生先生に描いていただきました。どのイラストも素晴らしく、素敵な本に仕上がりました。

　出版に関して、学芸みらい社の樋口雅子様にも大変お世話になりました。リモートレクについて企画を出させていただいた時、この本のみならず、雑誌やYouTubeなどでも取り上げてくださり大変ありがたく思います。この場を借りて皆様にお礼を申し上げたいと思います。

2021年1月18日

溝口佳成

◎著者紹介

溝口佳成（みぞぐち　よしなり）

1981年（昭和56年）滋賀県生まれ
2002年　滋賀大学教育学部卒業
彦根市立平田小学校、湖南市立石部小学校、
湖南市立菩提寺小学校、湖南市立下田小学校に勤務
湖南教育サークル八方手裏剣代表

イラスト
大松幹生（おおまつ　みきお）

1982年（昭和57年）京都府生まれ
京都府公立小学校勤務
TOSS中丹教育サークル代表

解説動画QRコード付
オンラインで楽しめる
学級リモートレク60

GAKUGEI
MIRAISHA

2021年4月25日　初版発行

著　者　溝口佳成・イラスト　大松幹生
発行者　小島直人
発行所　株式会社学芸みらい社
　　　　〒162-0833　東京都新宿区箪笥町31　箪笥町SKビル
　　　　電話番号 03-5227-1266
　　　　http://www.gakugeimirai.jp/
　　　　E-mail : info@gakugeimirai.jp
印刷所・製本所　藤原印刷株式会社
企　画　樋口雅子
校　正　大場優子
装丁デザイン・本文組版　小沼孝至